LA TILDE PODEROSA
THE POWERFUL ACCENT MARK

Tu libro es tan interesante como **tú**.
Your book is as interesting as **you**.

María Victoria Castillo

¿Escribes español?

ISBN 978-1-964792-02-6

Summary:

Who would imagine that such a small *tilde* would make such an important difference? When used in the Spanish language, this powerful accent mark changes the pronunciation and meaning of a word. This book helps its readers learn over sixty frequently used words that require, or not, an accent mark to clarify their meaning. They are alphabetized to help with a quick search. Simple sentences include the same word used with and without the accent mark. Illustrations help with visualizing the difference between such words. This bilingual (English and Spanish) book can be used for teaching Spanish writing to fluent Spanish speakers as well as those learning the language. The back pages include learning activities to help give a better understanding of the basic rules of using the *tilde*.

1. Spanish Writing 2. Spanish Accent Mark 3. Bilingual Books — English and Spanish 4. Spanish Tilde 5. Bilingual Education 6. Foreign Language 7. Spanish

 victoriac240

Para todos quienes desean aprender más español. —MVC
For all whom wish to learn more Spanish. —MVC

INTRODUCCIÓN

Como niña mexicoamericana, crecí con dos lenguajes; el español estaba en mi hogar, y el inglés estaba en mis estudios. Aprendí a hablar, leer y escribir en los dos lenguajes. Sin embargo, no recibí instrucción académica relacionada a mi lengua materna. Por tal razón, no conocía la mayoría de las reglas gramáticas del español. Lo que aprendí fue debido a mi amor hacia la lectura de historietas en español. Conocí la tilde y lo importante que es porque cambia el significado de palabras, pero no tenía idea de cuándo, dónde o por qué era necesaria. Cuando tenía treinta y tantos años, asistí a una clase de español en nuestro colegio comunitario. Ahí fue donde aprendí más acerca de la tilde.

Escribí este libro con la esperanza de ayudar a quienes están en la misma situación como yo una vez lo estuve. Espero que sea utilizado como herramienta de aprendizaje visual por quienes están aprendiendo a escribir español o simplemente desean más conocimiento. Créame, hay una gran diferencia entre palabras con tilde y palabras sin tilde.

te sabanas mama papá habia rio mamá papa habia té río sábanas

INTRODUCTION

As a Mexican-American child, I grew up with two languages; Spanish was in my home, and English was in my studies. I learned to speak, read, and write both languages. However, I did not receive academic instruction pertaining to my mother tongue. For this reason, I was unaware of most Spanish grammar rules. What I learned was due to my love for reading Spanish comic books. I knew about the accent mark and how important it is because it changes a word's meaning, but I had no idea when, where, or why it was necessary. At the age of thirty something, I attended a Spanish class in our community college. That's where I learned more about the accent mark.

I wrote this book hoping to help those that are in the same situation as I once was. I hope it will be utilized as a visual learning tool by those learning to write Spanish or simply wish to learn more. Believe me, there's a great difference between words with an accent mark and words without an accent mark.

La niña **abrigó** a su abuela con su **abrigo**.
The girl **covered** her grandmother with her **coat**.

El **amo amó** a su perro tanto, que lo nombró su único heredero.
The **master loved** his dog so much, that he named him his sole heir.

La fiesta **aún** no empieza. Empezará en una hora o **aun** más tarde.
The party has not **yet** started. It will start in an hour or **even** later.

Fui al **baile** anoche, y
bailé toda la noche.
I went to the **dance** last
night, and I **danced** all
night.

La niñera **bañó** al bebé en
el **baño**.
The babysitter **bathed**
the baby in the **bathroom**.

El **bebé bebe** leche
tibia antes de dormir.
The **baby drinks** warm
milk before sleeping.

¡Ay! Ouch!

El joven pisó mi **callo** mientras bailábamos y **calló** por el resto de la noche.

The young man stepped on my **callus** while we danced and **kept quiet** for the rest of the night.

El anciano **caminó** por el **camino** viejo.

The old man **walked** down the old **path**.

Rosa no hizo **caso** a mi consejo y se **casó** con el vecino, pero ya no me preguntes de ese **caso**. Ya no tiene **caso**.

Rosa did not **listen** to my advice and **married** the neighbor, but don't ask me about that **case** anymore. It doesn't **matter** anymore.

La palma más alta del **cayo cayó** al mar.
The tallest palm tree in the **key fell** to the sea.

Pedro **cazó** un pato y lo coció en un **cazo** grande.
Pedro **hunted** a duck and cooked it in a large **kettle**.

Circulo alrededor de la glorieta haciendo la figura de un **círculo**. Así **circuló** todo el tráfico.
I **circulate** around the roundabout making the shape of a **circle**. That's how all the traffic **circulated**.

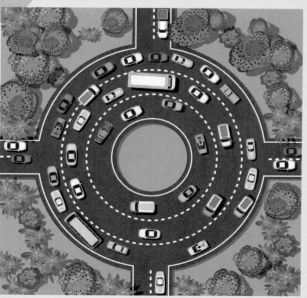

La niña **clavó la mirada** en el **clavo** que su hermano **clavó** en la pared. De repente, escuchó a su mamá decir: "Necesito un **clavo** para la comida".

The girl **stared** at the **nail** that her brother **nailed** to the wall. Suddenly, she heard her mom say, "I need a **clove** for the food."

Le **cobré** a la niña dos monedas de **cobre**.

I **charged** the girl two **copper** coins.

¿**Cómo como** caldo sin cuchara? Lamo **como** un perrito.

How do **I eat** soup without a spoon? I lap **like** a little dog.

El maestro **continúa** haciendo una línea **continua**.
The teacher **continues** making a **continuous** line.

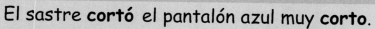

El sastre **cortó** el pantalón azul muy **corto**.
The tailor **cut** the blue pants too **short**.

¿**Cuándo** me mudé a California?
Me mudé **cuando** tenía cinco años.
When did I move to California? I moved **when** I was five years old.

Dé el carrete **de** hilo rojo y el vestido **de** la niña a la costurera.
Give the red spool **of** thread and the dress that **belongs to** the girl to the seamstress.

¿**Dónde** está mi carro? No está **donde** lo estacioné.
Where is my car? It's not **where** I parked it.

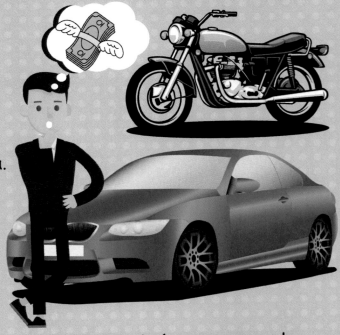

El carro nuevo le pertenece a **él**. **Él** también es **el** dueño de la motocicleta. La deuda también es de **él**.
The new car belongs to **him**. **He** is also **the** owner of the motorcycle. The debt is also **his**.

El estudiante escribió un **ensayo** y lo **ensayó** para recitarlo de memoria.
The student wrote an **essay** and **rehearsed** it to recite it from memory.

Entré al palacio, y me encontré **entre** realeza.
I **entered** the palace, and I found myself **among** royalty.

¡**Esta** blusa **está** hermosa!
This blouse **is** beautiful!

¿Son **estas** las blusas que **estás** regalando?
Are **these** the blouses **you are** giving away?

¿**Estás** segura?
Are **you** sure?

Gracias.
Thank you.

Sí. Elije la que te guste.
Yes. Choose the one you like.

¡Claro!
Of course!

Quiero que **este** paquete **esté** en la Costa **Este** antes del miércoles.
I want **this** package to **be** in the **East** Coast before Wednesday.

El cocinero **frio** el pescado en aceite **frío**.
The cook **fried** the fish in **cold** oil.

Soy Oscar
I'm Oscar

Mucho gusto. No le **gustó** la otra comida a mi gato. Tiene un **gusto** muy exigente.
Nice meeting you. My cat didn't **like** the other food. He has a very demanding **taste**.

Habito en el bosque porque tengo el **hábito** de ayudar a los animales.
I live in the forest because I have the **habit** of helping the animals.

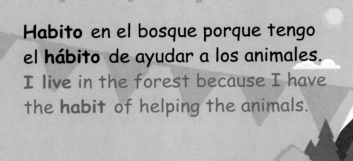

Hacía mucho frío **hacia** el Polo Norte, así que yo **hacía** fogatas.
It would get very cold **towards** the North Pole, so I **would make** bonfires.

El doctor pidió a los estudiantes, en **inglés**, que dibujaran un óvalo alrededor de las **ingles**.
The doctor asked the students, in **English**, to draw an oval around the **groins**.

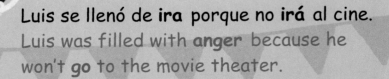

Luis se llenó de **ira** porque no **irá** al cine.
Luis was filled with **anger** because he won't **go** to the movie theater.

¡Estoy lleno de **júbilo** porque mi amigo se **jubiló** ayer, y yo me **jubilo** hoy!
I am filled with **joy** because my friend **retired** yesterday, and I **retire** today!

El niño **jugó** con su **jugo** de naranja hasta que lo derramó.
The boy **played** with his orange **juice** until he spilled it.

La maestra **libró** el **libro** del fuego.
The teacher **saved** the **book** from the fire.

El gatito **mama** leche de su **mamá**.
The kitten **sucks** milk from his **mom**.

Quiero **más** cereal, **mas** no quiero **más** leche.
I want **more** cereal, **but** I don't want **more** milk.

Mi madre inculcó en **mí** la importancia de una buena educación. Por lo tanto, creo en **mí** mismo.
My mother instilled in **me** the importance of a good education. Therefore, I believe in **myself**.

Monté mi caballo hasta el **Monte** Rushmore.
I **rode** my horse all the way to **Mount** Rushmore.

El rey **oró** que no le robaran su **oro**.
The king **prayed** that they would not steal his **gold**.

El **papa** come **papa** con su **papá**.
The **pope** eats **potato** with his **dad**.

Pase, por favor.
Come in, please.

Gracias.
Aquí tiene el comprobante de que **pasé** el examen.
Thank you.
Here's the proof that **I passed** the exam.

El bebé dio su primer **paso** ayer y **pasó** a la cocina hoy. Todo **pasó** rápidamente.
The baby took his first **step** yesterday and **went into** the kitchen today. It all **happened** quickly.

La cocinera se amarró el **pelo** primero y **peló** las papas después.
The cook tied her **hair** first and **peeled** the potatoes afterwards.

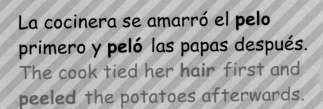

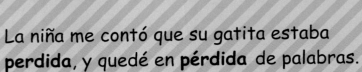

La niña me contó que su gatita estaba **perdida**, y quedé en **pérdida** de palabras.
The little girl told me her kitten was **lost**, and I was at a **loss** for words.

El pájaro **picó** la naranja con su **pico**.
The bird **pecked** the orange with its **beak**.

El anciano **pisó** el **piso**, y la textura hizo cosquillas en sus pies.
The old man **stepped** on the **floor**, and the texture tickled his feet.

¿**Por qué** sigues preguntando? Ya te dije que las calles **por que** conduje tenían mucho tráfico.
Why do you keep asking? I already told you that the streets **through which** I drove had lots of traffic.

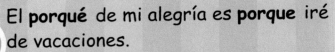

El **porqué** de mi alegría es **porque** iré de vacaciones.

The **reason** for my happiness is **because** I will go on vacation.

Coming Events: Surprise

Eventos venideros: Sorpresa

La biblioteca **pública** siempre **publica** sus eventos, pero este mes no los **publicó** para el **público**.

The **public** library always **publishes** its events, but this month it didn't **post** them for the **public**.

¿**Qué** dijiste del nuevo restaurante? ¿Dijiste **que** la comida es deliciosa?

What did you say about the new restaurant? Did you say **that** the food is delicious?

¿**Quién** es la persona a **quien** más admiras?
Who is the person **whom** you most admire?

La muchacha **rio** al ver a los peces brincando en el **río**. Yo también **río** al verlos brincar.
The girl **laughed** as she saw the fish jumping in the **river**. I also **laugh** when I see them jump.

Las **sabanas** africanas son como **sábanas** gigantescas que esconden a animales salvajes.
The African **savannas** are like gigantic **bedsheets** that hide wild animals.

La anciana era muy **sabia** porque
sabía de plantas medicinales.
The old woman was very **wise** because
she **knew** about medicinal plants.

El panadero **sacó** un **saco** de harina y
otro de azúcar para hacer pan.
The baker **brought out** a **sack** of flour
and another of sugar to make bread.

Sé que mi perro **se va** a dormir
aunque le diga: "**Sé** alerto".
I know my dog **goes** to sleep even
though I tell him, "**Be** alert."

La **secretaria** del Sr. Villa me dio los documentos que necesito llevar a la **Secretaría** de Educación Pública.

Mr. Villa's **secretary** gave me the documents I need to take to the **Department** of Public Education.

Sí, puedes usar mi carro, pero solamente **si** tienes cuidado. Mi carro no se cuida a **sí mismo**.

Yes, you may use my car, but only **if** you are careful. My car doesn't take care of **itself**.

El escultor **talló** una rosa de mármol con **tallo** de madera.

The sculptor **carved** a marble rose with a wooden **stem**.

EL PILÓN

A LITTLE EXTRA

IMPORTANTE: NO ESCRIBA EN ESTA PÁGINA.
IMPORTANT: DO NOT WRITE ON THIS PAGE.

Instrucciones: Cubra la página con un protector transparente y circule la palabra correcta de cada oración.

Instructions: Cover the page with a clear protector and circle the correct word in each sentence.

1. Hoy corrí **mas/más** rápido que María y Juan.
2. El niño **sabia/sabía** cómo escribir su nombre y apellido.
3. Si necesitas cargar **tu/tú** teléfono celular, puedes hacerlo en mi auto.
4. No **se/sé** dónde será la fiesta de cumpleaños para Luis.
5. La abuelita **hacia/hacía** ricas enchiladas cada sábado.
6. Le pregunté **si/sí** pasó los exámenes, pero no me contestó.
7. La maestra **camino/caminó** hasta la escuela porque su auto le falló.
8. No había **jugo/jugó** de manzana en el mercado, así que compré de fresa.
9. Estoy preocupada porque el **bebe/bebé** no deja de llorar.
10. El amigo de **mi/mí** hija parece ser muy respetuoso.
11. Entiendo **que/qué** no quieras ir a la escuela por tu dolor de cabeza.
12. Carmen **ira/irá** de vacaciones al pueblo donde nació.
13. Creo que el vestido **te/té** queda perfectamente bien.
14. El joven se **libro/libró** de una buena regañada.
15. La niña dijo que **aun/aún** cuando sea grande vivirá con su mamá y papá.
16. El día pareció muy **corto/cortó** por tantas actividades que hicimos.
17. No recuerdo **donde/dónde** conocí a mi mejor amiga.
18. No sé **como/cómo** es posible dormir toda la mañana.
19. Le llamaré en **cuanto/cuánto** recuerde su número de teléfono.
20. Dicen que no todo lo que brilla es **oro/oró**.

Respuestas/Answers:

1. más 2. sabía 3. tu 4. sé 5. hacía 6. si 7. caminó 8. jugo 9. bebé 10. mi 11. que
12. irá 13. te 14. libró 15. aun 16. corto 17. dónde 18. cómo 19. cuanto 20. oro

ACTIVIDADES DE APRENDIZAJE

En el idioma español, las palabras se separan en sílabas. Las sílabas se cuentan de izquierda a derecha. Hay sílabas que tienen un tono más fuerte que otras. La tilde nos ayuda con el significado y la pronunciación de palabras escritas en español.

Palabras agudas

Si la última sílaba es más fuerte y termina en *n*, *s* o *vocal*, se le agrega la tilde a la vocal de esa sílaba. Si la última sílaba es más fuerte y la palabra no termina en *n*, *s* o *vocal*, no se le agrega la tilde.

1. Veamos esta palabra:

cal	ce	tin
antepenúltima	penúltima	última

Diga la sílaba en mayúsculas con tono más fuerte que las otras dos sílabas de la palabra. Repítalo varias veces.

CAL ce tin   cal CE tin   cal ce TIN

La palabra tiene sentido cuando la última sílaba se pronuncia con más fuerza. La última sílaba de la palabra es *tin* y termina con la letra *n*. Lleva tilde sobre la vocal. La palabra es, *calcetín*.

2. Veamos esta palabra:

a	cep	tar
antepenúltima	penúltima	última

Diga la sílaba en mayúsculas con tono más fuerte que las otras dos sílabas de la palabra. Repítalo varias veces.

A cep tar   a CEP tar   a cep TAR

La palabra tiene sentido cuando la última sílaba se pronuncia con más fuerza. La última sílaba de la palabra es *tar* y termina con la letra *r*. No lleva tilde sobre la vocal. La palabra es, *aceptar*.

Súper rápido:

Si la última sílaba es más fuerte y termina en *n*, *s* o *vocal*, lleva tilde.
Si la última sílaba es más fuerte y no termina en *n*, *s* o *vocal*, no lleva tilde.

CAL ce tin   cal ce TIN   calcetín

cal CE tin

Palabras graves/llanas

Si la sílaba penúltima es más fuerte y la palabra termina en **n**, **s** o **vocal**, no se le agrega la tilde. Si la sílaba penúltima es más fuerte y la palabra termina en otra letra, se le agrega la tilde a la vocal de la sílaba penúltima.

1. Veamos esta palabra:

mo	chi	la
antepenúltima	penúltima	última

Diga la sílaba en mayúsculas con tono más fuerte que las otras dos sílabas de la palabra. Repítalo varias veces.

MO chi la	mo CHI la	mo chi LA

La sílaba penúltima es más fuerte. La palabra termina con la vocal *a*. No lleva tilde la sílaba penúltima.

La palabra es, *mochila*.

2. Veamos esta palabra:

di	fi	cil
antepenúltima	penúltima	última

Diga la sílaba en mayúsculas con tono más fuerte que las otras dos sílabas de la palabra. Repítalo varias veces.

DI fi cil	di FI cil	di fi CIL

La sílaba penúltima es más fuerte. La palabra termina con la letra *l*. Lleva tilde la vocal de la sílaba penúltima.

La palabra es, *difícil*.

Súper rápido:

Si la sílaba penúltima es más fuerte y la palabra termina en **n**, **s** o **vocal**, no lleva tilde.

Si la sílaba penúltima es más fuerte y la palabra no termina en **n**, **s** o **vocal**, lleva tilde.

Palabras esdrújulas

Si la sílaba antepenúltima es más fuerte, se le agrega la tilde a la vocal de esa sílaba. No importa con qué letra termine la palabra.

1. Veamos esta palabra:

mu	si	ca
antepenúltima	penúltima	última

Diga la sílaba en mayúsculas con tono más fuerte que las otras dos sílabas de la palabra. Repítalo varias veces.

MU si ca	mu SI ca	mu si CA

La sílaba antepenúltima es más fuerte. Lleva tilde la vocal de esa sílaba.

La palabra es, *música*.

2. Veamos esta palabra:

ca	ma	ra
antepenúltima	penúltima	última

Diga la sílaba en mayúsculas con tono más fuerte que las otras dos sílabas de la palabra. Repítalo varias veces.

    CA ma ra   ca MA ra   ca ma RA

La sílaba antepenúltima es más fuerte. Lleva tilde la vocal de esa sílaba.

La palabra es, *cámara.*

Súper rápido: Si la sílaba antepenúltima es más fuerte, lleva tilde.

Palabras sobreesdrújulas

Si la sílaba antes de la sílaba antepenúltima (la cuarta o la quinta) es más fuerte, se le agrega la tilde a la vocal de esa sílaba. No importa con qué letra termine la palabra.

1. Veamos esta palabra:

di	ga	me	lo
cuarta	antepenúltima	penúltima	última

Diga la sílaba en mayúsculas con tono más fuerte que las otras tres sílabas de la palabra. Repítalo varias veces.

    DI ga me lo   di GA me lo   di ga ME lo   di ga me LO

La cuarta sílaba es más fuerte. Lleva tilde la vocal de esa sílaba.

La palabra es, *dígamelo.*

2. Veamos esta palabra:

u	ni	ca	men	te
quinta	cuarta	antepenúltima	penúltima	última

Diga la sílaba en mayúsculas con tono más fuerte que las otras cuatro sílabas de la palabra. Repítalo varias veces.

   U ni ca men te u NI ca men te u ni CA men te u ni ca MEN te u ni ca men TE

La quinta sílaba es más fuerte. Lleva tilde la vocal de esa sílaba.

La palabra es, *únicamente.*

<u>Nota:</u> Adverbios que terminan en *mente* conservan la tilde de su adjetivo. En este caso conserva la tilde de la palabra *única.*

Súper rápido: Si la sílaba cuarta o quinta es más fuerte, lleva tilde.

Palabras interrogativas y exclamativas que llevan la tilde

¿Cómo? ¿Cuál? ¿Cuáles? ¿Cuándo? ¿Cuánta? ¿Cuántas? ¿Cuánto? ¿Cuántos? ¿Dónde? ¿Por qué? ¿Qué? ¿Quién? ¿Quiénes?

Ejemplos:

¿Cómo se llama usted?

¡Cómo que se le perdió el dinero!

Nota: *Puede(s)* y *quiere(s)* no llevan tilde.

Ejemplos:

¿Puede Alex ir al mercado conmigo?

¿Quieres ir al parque?

Palabras monosílabas (de una sola sílaba)

La mayoría de palabras monosílabas no llevan tilde. Algunas llevan tilde para diferenciar el significado entre una y otra.

Ejemplos:

de/dé   el/él   mas/más   mi/mí   se/sé   si/sí   tu/tú

Nota: A veces una palabra singular no lleva tilde y su plural sí la lleva. También puede suceder que una palabra singular lleve tilde y su plural no la lleve. Esto sucede porque siguen las reglas gramáticas de la tilde.

Ejemplos:

examen/exámenes   imagen/imágenes   joven/jóvenes   orden/órdenes

Ejemplos:

camión/camiones   carácter/caracteres   imán/imanes

Separando vocales

En algunas palabras, es necesario separar una sílaba en dos para así diferenciar el significado de la palabra. (Lea acerca de diptongos e hiatos.)

Ejemplos:

aun/aún   frio/frío   hacia/hacía   rio/río   sabia/sabía   secretaria/secretaría

¿Fue difícil el **examen** de hoy?

Sí, fue muy difícil, pero me avisaron que pasé los **exámenes** de ayer.

LEARNING ACTIVITIES

In the Spanish language, words are separated by syllables. The syllables are counted from left to right. There are syllables that have a stronger tone than others. The accent mark helps us with the meaning and the pronunciation of words written in Spanish.

Aguda Words

If the last syllable is stronger and ends in *n*, *s*, or a *vowel*, an accent mark is added to the vowel in that syllable. If the word does not end in *n*, *s,* or a *vowel*, no accent mark is added.

1. Let's look at this word:

cal	ce	tin
antepenultimate	penultimate	last

Say the capitalized syllable with a stronger tone than the remaining two syllables of the word. Repeat it several times.

CAL ce tin   cal CE tin   cal ce TIN

The word makes sense when the last syllable is pronounced with a stronger tone. The last syllable is *tin*, and it ends with the letter *n*. An accent mark is added over the vowel.

The word is, *calcetín*.

2. Let's look at this word:

a	cep	tar
antepenultimate	penultimate	last

Say the capitalized syllable with a stronger tone than the other two syllables of the word. Repeat it several times.

A cep tar   a CEP tar   a cep TAR

The word makes sense when the last syllable is pronounced with a stronger tone. The last syllable is *tar*, and it ends with the letter *r*. An accent mark is not added over the vowel.

The word is, *aceptar*.

Super Quick:

If the last syllable is stronger and the word ends in *n*, *s*, or a *vowel*, add an accent mark.

If the last syllable is stronger and the word does not end in *n*, *s*, or a *vowel*, don't add an accent mark.

CAL ce tin   cal ce TIN

cal CE tin   calcetín

Grave/Llana Words

If the penultimate syllable is stronger and the word ends in *n*, *s*, or a *vowel*, no accent mark is added to the vowel in that syllable. If the penultimate syllable is stronger, and the word ends in another letter, an accent mark is added to the vowel in that syllable.

1. Let's look at this word:

mo	chi	la
antepenultimate	penultimate	last

Say the capitalized syllable with a stronger tone than the remaining two syllables of the word. Repeat it several times.

MO chi la   mo CHI la   mo chi LA

The penultimate syllable is stronger. The word ends with the vowel *a*. An accent mark is not added over the vowel in the penultimate syllable.
The word is, *mochila*.

2. Let's look at this word:

di	fi	cil
antepenultimate	penultimate	last

Say the capitalized syllable with a stronger tone than the remaining two syllables of the word. Repeat it several times.

DI fi cil   di FI cil   di fi CIL

The penultimate syllable is stronger. The word ends with the letter *l*. An accent mark is added over the vowel in the penultimate syllable.
The word is, *difícil*.

Super Quick:
If the penultimate syllable is stronger and the word ends in *n*, *s*, or a *vowel*, don't add an accent mark.
If the penultimate syllable is stronger and the word does not end in *n*, *s*, or a *vowel*, add an accent mark.

Esdrújula Words

If the antepenultimate syllable is stronger, an accent mark is added to the vowel in that syllable. It does not matter what letter the word ends with.

1. Let's look at this word:

mu	si	ca
antepenultimate	penultimate	last

Say the capitalized syllable with a stronger tone than the remaining two syllables of the word. Repeat it several times.

MU si ca   mu SI ca   mu si CA

The antepenultimate syllable is stronger. An accent mark is added to the vowel in that syllable.
The word is, *música*.

2. Let's look at this word:

ca	ma	ra
antepenultimate	penultimate	last

Say the capitalized syllable with a stronger tone than the remaining two syllables of the word. Repeat it several times.

   CA ma ra   ca MA ra   ca ma RA

The antepenultimate syllable is stronger. An accent mark is added to the vowel in that syllable.

The word is, *cámara.*

Super Quick: If the antepenultimate syllable is stronger, add an accent mark.

Sobreesdrújula Words

If the syllable before the antepenultimate (the fourth or fifth) is stronger, an accent mark is added to the vowel in that syllable. It does not matter what letter the word ends with.

1. Let's look at this word:

di	ga	me	lo
fourth	antepenultimate	penultimate	last

Say the capitalized syllable with a stronger tone than the remaining three syllables of the word. Repeat it several times.

   DI ga me lo   di GA me lo   di ga ME lo   di ga me LO

The fourth syllable is stronger. An accent mark is added to the vowel in that syllable.

The word is, *dígamelo.*

2. Let's look at this word:

u	ni	ca	men	te
fifth	forth	antepenultimate	penultimate	last

Say the capitalized syllable with a stronger tone than the remaining four syllables of the word. Repeat it several times.

   U ni ca men te u NI ca men te u ni CA men te u ni ca MEN te u ni ca men TE

The fifth syllable is stronger. An accent mark is added to the vowel in that syllable.

The word is, *únicamente.*

<u>Note:</u> Adverbs that end in *mente* retain the accent mark from their adjective. In this case it keeps the accent mark from the word *única.*

Super Quick: If the fourth or fifth syllable is stronger, add an accent mark.

Interrogative and Exclamatory Words That Have the Accent Mark

¿Cómo? ¿Cuál? ¿Cuáles? ¿Cuándo? ¿Cuánta? ¿Cuántas? ¿Cuánto? ¿Cuántos? ¿Dónde? ¿Por qué? ¿Qué? ¿Quién? ¿Quiénes?

Examples:
¿Cómo se llama usted?
¡Cómo que se le perdió el dinero!

<u>Note:</u> *Puede(s)* and *quiere(s)* do not have an accent mark.

Examples:
¿Puede Alex ir al mercado conmigo?
¿Quieres ir al parque?

Monosyllabic Words (one syllable)

Most monosyllabic words do not have an accent mark. Some do have an accent mark to differentiate the meaning between one and the other.

Examples:
de/dé   el/él   mas/más   mi/mí   se/sé   si/sí   tu/tú

<u>Note:</u> Sometimes a singular word does not have an accent mark and its plural does. It could also happen that a singular word has the accent mark and its plural does not. This is due to them following grammatical rules.

Examples:
examen/exámenes   imagen/imágenes   joven/jóvenes   orden/órdenes

Examples:
camión/camiones   carácter/caracteres   imán/imanes

Separating Vowels

In some words, it is necessary to separate one syllable into two in order to differentiate the meaning of the word. (Read about *diptongos* and *hiatos*.)

Examples:
aun/aún   frio/frío   hacia/hacía   rio/río   sabia/sabía   secretaria/secretaría

¿Fue difícil el **examen** de hoy?
Was today's **exam** difficult?

Sí, fue muy difícil, pero me avisaron que pasé los **exámenes** de ayer.
Yes, it was very difficult, but they notified me that I passed yesterday's **exams**.

ABOUT THE AUTHOR

María Victoria Castillo is a former fieldworker and comes from a long family line of bakers. She calls California's Coachella Valley home since 1963. She began college at the age of forty and earned a master's degree in education from Azusa Pacific University. Mrs. Castillo received a Certificate of Congressional Recognition from Congressman Dr. Raul Ruiz for her contribution to education and her farmworker activism work and outreach. She also received a Certificate of Recognition from Assemblymember Eduardo Garcia for her contribution to education and the arts. Although she retired from teaching, Mrs. Castillo continues working as a substitute teacher in the same school district she attended as a student. Her hobby is photography. This talent has earned her several awards. Her motto is, "Never give up!"

MORE BOOKS — MÁS LIBROS

- Aprendamos el abecedario
- Field Work Through the Eyes of a Child
- Trabajo del campo en los ojos de una niña
- LET'S COUNT WITH MARIA & CONTEMOS CON MARÍA
- Calling Carlos Llamando a Carlos

ACERCA DE LA AUTORA

María Victoria Castillo trabajó en el campo y proviene de una larga línea familiar de panaderos. Llama al Valle de Coachella en California su hogar desde 1963. Empezó el colegio a la edad de cuarenta años y obtuvo la maestría en educación de Azusa Pacific University. La Sra. Castillo recibió un Certificado de Reconocimiento del Congreso por parte del Congresista Dr. Raúl Ruiz por su contribución a la educación y por su trabajo de activismo y alcance para los trabajadores agrícolas. También recibió un Certificado de Reconocimiento por parte del Asambleísta Eduardo García por su contribución a la educación y a las artes. Aunque se jubiló como maestra, la Sra. Castillo continúa trabajando de suplente de maestros en el mismo distrito escolar donde asistió como estudiante. Su pasatiempo es fotografía. Este talento le ha otorgado varios premios. Su lema es, "¡Nunca te rindas!"

MVC Books